MÉMOIRE

AU

GOUVERNEMENT

FRANÇAIS,

POUR

LES ABSENS

Des ci-devant Provinces Belgiques.

Aristide ayant déclaré à l'assembléé que rien ne pouvoit
être plus utile que la proposition de Thémistocle , mais
qu'en même - temps rien n'étoit plus injuste , tout le
peuple , d'une commune voix , défendit à Thémistocle de
passer outre.

ROLLIN, Hist; anc. III. 308.

MÉMOIRE

AU

GOUVERNEMENT FRANÇAIS,

Pour les Absens des ci-devant provinces Belgiques.

Aristide ayant déclaré à l'assemblée que rien ne pouvoit être plus utile que la proposition de Thémistocle, mais qu'en même-temps rien n'étoit plus injuste, tout le peuple, d'une commune voix, défendit à Thémistocle de passer outre.

ROLLIN, Hist. anc. III, 308.

L'AURORE de la justice a paru.

Les victimes des temps désastreux peuvent élever la voix.

Le Gouvernement veut apprécier leurs plaintes et calmer leurs longues infortunes.

A

Les absens de la Belgique que l'on appelle *émigrés*, et que l'on a traité comme tels, ont enfin l'assurance que leurs réclamations, si long-temps méprisées, seront désormais entendues, et que l'expression de la loi et la puissance de la raison motiveront seules les actes du Gouvernement.

Il faut provoquer son action par le tableau fidèle des malheurs qu'il doit réparer.

On se rappelle que les armées de la république française ont envahie la Belgique en messidor de l'an 2.

La tyrannie décemvirale étoit alors dans sa plus grande fureur.

Les têtes les plus chères à la patrie et à la liberté tomboient chaque jour des échafauds révolutionnaires.

La magnanimité des armées françaises repoussoit tant de forfaits ; mais les fruits de la victoire leur étoient enlevés, pour tomber dans le domaine des bourreaux de la France.

Des Belges, en voyant approcher de leurs foyers une domination sanguinaire, ont été frappés de terreur ; ils se sont absentés.

Ce n'étoit pas la pusillanimité qui chassoit de trop timides habitans.

Le sentiment de leur conservation, ce sentiment inhérent à la nature humaine, avoit seul provoqué leur fuite.

A-t-on voulu les punir de cette fuite et de cette absence ?

Les a-t-on réputés émigrés ?

Telle est la question qu'il s'agit aujourd'hui de résoudre et qui est soumise à l'autorité suprême du Gouvernement.

On sent assez, sans qu'il soit besoin de le développer, que l'émigration ne résulte pas nécessairement de l'absence, que c'est la loi positive qui donne à l'absence le caractère de l'émigration ; et que quand l'absence n'est pas caractérisée émigration par la loi, la simple absence n'est punie d'aucune des peines prononcées contre l'émigration.

Si donc il n'existe aucune loi qui répute les Belges absens, émigrés, nul empêchement légal ne peut arrêter leur retour.

L'analyse des lois même qu'on oppose aux Belges *absens*, doit devenir le titre de leur justification.

Le décret général du 28 mars 1793 , contre les émigrés, n'a point pu parler de l'émigration des pays réunis à la France, puisqu'alors cette réunion n'existoit point encore.

En l'an 3 , on fit la révision des lois sur les émigrés.

Alors la convention prononça sur l'émigration des pays réunis au moment de la loi.

On lit dans celle du 25 brumaire de cette année et à l'art 6 , les dispositions suivantes :

« Sont réputés émigrés tous citoyens domiciliés dans les pays » réunis à la république, qui en étoient sortis depuis l'émission du » vœu des habitans pour leur réunion , et n'y sont pas rentrés dans » le délai de trois mois, à compter du jour où le décret de ladite » réunion a été proclamé ».

Bien évidemment cette volonté de la loi ne concerne que les pays qui se trouvoient réunis à la république, et dont les décrets de réunion avoient été publiés.

A cette époque du 25 brumaire , la Belgique n'étoit pas devenue partie intégrante de la république française.

Son incorporation n'a été prononcée que par le décret du 9 vendémiaire de l'an 4.

L'art. VI de la loi du 25 brumaire que nous venons de citer, ne dit pas un mot des pays qui pourront être réunis postérieurement ; il n'anticipe pas sur l'avenir.

Comment, en effet, la Convention nationale auroit-elle pu faire la législation de provinces étrangères à la France ?

Tout pays qui, par le droit des gens, étoit soumis à une autre domination et qui n'en avoit pas encore changé, étoit placé hors de la sphère pour laquelle la Convention exerçoit le pouvoir législatif.

La loi du 25 brumaire dit :

« Sont réputés émigrés, tous citoyens domiciliés dans les pays » réunis, qui en étoient sortis depuis l'émission, etc . . . . et qui n'y » sont pas rentrés dans le délai de trois mois, à compter du jour où » le décret de réunion a été proclamé ».

Cette loi n'ajoute pas : « *Seront aussi réputés émigrés*, tous les citoyens domiciliés dans les pays *qui pourront être réunis à l'avenir*, si ces citoyens sortent postérieurement à l'émission du vœu des habitans pour leur réunion ; et si ces mêmes citoyens ne rentrent pas dans le délai de trois mois, à compter de la proclamation *qui sera faite* du décret de réunion ».

Pourtant il faudroit y lire cette disposition insolite, pour qu'aujourd'hui la loi du 25 brumaire pût être opposée aux Belges absens, comme une résistance légale au vœu qu'ils témoignent de reparoître dans leur patrie.

Si le passé n'appartient pas à la législation des hommes, l'avenir ne peut pas être davantage en son pouvoir ; si, lorsque l'acte législatif a été proclamé, l'individu que l'on veut frapper ensuite, n'étoit pas soumis au gouvernement dont le législateur régloit les destinées.

Le droit des gens et la saine raison attestent ces maximes d'une éternelle justice.

Les violeroit-on dans une cause où l'humanité réclameroit tant de droit, si l'empire de la loi pouvoit être incertain ?

Et lorsque les législateurs à la tribune, et le gouvernement dans ses arrêtés, révèlent à la nation entière que l'on va calmer pour les

Français eux-mêmes la législation violente sur l'émigration, en aggraveroit-on la sévérité pour des étrangers qui, en devenant nos concitoyens, ont dû compter sur la modération de nos principes?

Que s'est-il passé, au surplus, depuis la réunion prononcée?

Rien qui ait fait peser sur les Belges absens les peines déterminées par la loi du 25 brumaire.

Les actes législatifs, postérieurs à cette époque, et qui se rapportent à notre question, n'ont concerné que les Français qui s'étoient retirés dans la Belgique.

Dans le cours de la révolution, en 1791, 1792 et 1793, des citoyens domiciliés en France en avoient quitté le territoire, pour se réfugier chez les Belges;

Là, ils étoient absens de leur pays et réputés émigrés.

Aussitôt la réunion opérée, il étoit indispensable que ces émigrés quittassent le sol de la Belgique, devenu territoire français.

C'est de quoi ils furent avertis par les représentans du peuple alors en mission.

Le 8 brumaire an 4, ces commissaires du gouvernement arrêtèrent que la loi du 25 brumaire, et d'autres lois concernant *les émigrés et prêtres déportés de France*, seroient imprimées et publiées dans les nouveaux départemens réunis à la république, pour être exécutées dans les dix jours de leur publication.

Bien évidemment cette publication et ce délai de dix jours ne concernoient pas les Belges absens:

Ceux-ci n'étoient réputés émigrés par aucune des lois dont la publication étoit ordonnée.

Et la publication qui tend isolément à l'exécution de la loi, ne peut lui donner d'extension, ni ajouter à la latitude déterminée par les termes dans lesquels la loi est conçue.

Le 4 floréal an 4 , le directoire exécutif prit un arrêté pour régler le mode d'application des lois *sur les émigrés de France* , à ceux de ces émigrés trouvés dans les départemens réunis le 9 vendémiaire an 4.

On lit dans cet arrêté , inséré au Bulletin des Lois , n°.343 , « que les » commissaires du gouvernement avoient pris la précaution d'énon- » cer , par leur arrêté du 8 brumaire an 4 , que les lois dont ils or- » donnoient la publication et l'exécution dans les départemens réunis, » concernoient , *non pas les Belges ou Liégois* , émigrés de la ci-devant » Belgique, ou du ci-devant pays de Liége, *mais les Emigrés de France.* »

Après cette explication , le Directoire arrête qu'il n'y a lieu à déli- bérer sur un référé ordonné par un jugement relatif à *Paul-Joseph Duhamel Beilenglise* , émigré de France , arrêté à Anvers le 27 plu- viose précédent , bien après l'expiration du délai de dix jours , ac- cordé par l'arrêté du 8 brumaire , pour la retraite de la Belgique.

Il est donc devenu certain, par tous ces actes du gouvernement, que la publication de la loi du 25 brumaire , dans la Belgique , n'y avoit eu lieu que pour atteindre les émigrés de France et pour les en expulser.

Pourtant les corps administratifs des départemens réunis ont adopté comme règle de leur conduite , que d'après l'article 6 de la loi du 25 brumaire , les Belges absens non rentrés dans les trois mois de la pro- clamation de la réunion , le 9 vendémiaire an 4 , étoient réputés émi- grés.

Le texte de la loi même invoquée , le mode d'exécution que le gou- vernement lui avoit donné , la justice et les sentimens de la nature réprouvoient ce système novateur , qui engloutissoit les fortunes et frappoit les personnes avec la faulx de la mort.

Les Belges absens se sont adressé au gouvernement, pour faire proscrire ces déterminations arbitraires.

D'ans un mémoire qu'ils ont présenté au directoire exécutif, ils ont établi que la loi du 25 brumaire an 3 ne pouvoit les constituer en état d'émigration, puisque n'étant point faite pour eux, elle ne pouvoit jamais régler leur sort.

Le directoire l'a reconnu.

Mais il a pensé en même temps que la législation existante avant la loi du 25 brumaire, imprimoit le caractère d'émigrés à ceux des Belges qui, à l'approche des armées françaises, ou après leur rentrée dans le ci-devant Brabant, n'étoient pas revenus *dans un certain délai*.

En cela, le directoire s'est trompé.

Mais toujours est-il que le gouvernement, institué pour déterminer en cette matière l'application de la loi, a lui-même mis les Belges ab-sens hors de l'exécution de celle du 25 brumaire.

Ce point ne semble donc pas pouvoir être plus long-temps contro-versé.

Alors il ne s'agit plus que d'examiner si le directoire ne s'est pas mé-pris sur l'état des choses existantes avant le 25 brumaire.

Le directoire sans doute auroit voulu corriger cette erreur, si elle lui eût été démontrée pendant le temps de son administration.

C'est au gouvernement qui lui a succédé, si puissant par sa bien-faisance, si fort de la volonté nationale, à réparer cette méprise, quand il aura le sentiment de son injustice.

Comme on le sait déjà, le mois de messidor an 2 est l'époque de l'invasion de la Belgique par les armées françaises.

Du mois de messidor an 2, jusqu'à la réunion du 9 vendémiaire an 4, la Belgique a été gouvernée et administrée comme pays conquis.

Le gouvernement étoit dans la main des représentans du peuple envoyés en mission avec les pouvoirs les plus illimités.

On conçoit qu'à l'époque de l'invasion et sous l'influence de la tyrannie qui juguloit la France, l'administration de la Belgique a dû partager les excès de la commotion révolutionnaire.

Chez les Belges aussi la terreur eut son droit de présence.

Il ne faut pas s'étonner dès-lors de ce que pendant le premier période de l'invasion et dans un arrêté du 27 thermidor an 2, il étoit dit, article 6 :

« Tout habitant des pays conquis absent de son domicile, pourra y rentrer dans le délai *de quinze jours*, à compter de la publication du présent arrêté. Ce délai écoulé, tous ceux qui ne seront pas rentrés seront réputés émigrés.

Combien une pareille disposition étoit formidable dans un temps où l'anarchie organisée massacroit les personnes pour dévorer les propriétés ! »

Après le 9 thermidor, avant la réunion, et pour arriver à la réunion, des arrêtés moins sauvages ont dû favoriser le retour des Belges absens.

Aussi les actes des représentans du peuple sont-ils devenus progressivement moins sévères.

La justice, l'indulgence même en dictèrent plusieurs.

On rappeloit en France tous ceux qui s'en étoient éloignés depuis l'époque trop horriblement fameuse du 31 *mai*.

En Belgique, on provoqua également le retour des citoyens que l'approche du gouvernement de Robespierre avoit épouvanté.

Un arrêté du 9 germinal an 3, déclara, article premier : « Que toute » personne vivant du travail de ses mains, les artistes, les hommes de » lettres, les cultivateurs, négocians, marchands, fabriquans, banquiers,

» quiers, domiciliés dans les pays conquis avant l'entrée des troupes
» françaises, et qui s'en seroient absentés, seroient autorisés à revenir
» dans leurs foyers.

» Art. II. Qu'ils seroient rétablis sur-le-champ dans la disposition
» de leurs biens, et que les sequestres établis sur les biens seroient an-
» nullés.

» Art. III. Que les représentans du peuple se réservoient de pro-
» noncer sur les réclamations individuelles qui pourroient leur être
» adressées par ceux qui ne se trouvent pas compris dans l'article pre-
» mier, d'après le compte qui leur sera rendu par l'administration
» centrale. »

Bientôt un arrêté plus directement salutaire encore vint, le 9 prai-
rial, consolider les espérances déjà établies.

On y annonçoit que les formes observées jusqu'alors, relative-
ment à la rentrée des Belges absens, occasionnoient des lenteurs qui
rendoient presqu'illusoires *la justice que la convention nationale vouloit
établir en faveur de ceux que la crainte ou des affaires personnelles avoient
éloigné de leur patrie.*

En conséquence on prononçoit, art. premier. « Que les habitans
» en-deçà de la Meuse, *absens*, adresseroient directement leurs récla-
« mations aux représentans du peuple en mission. »

Et art. 3 : « Que les administrations et les agens nationaux se-
» roient tenus de fournir, dans le délai de trois jours, les renseigne-
» mens qui leur seroient demandés par les représentans du peuple,
sur la demande des *absens*.

Le 4 fructidor an 3, un nouvel arrêté disoit que des individus qui
avoient obtenu la réintégration dans leurs biens séquestrés *du chef*

B

d'absence de la Belgique , se plaignoient , que nonobstant cette réintégration , ils éprouvoient des difficultés.

Le 22 fructidor de la même année , un dernier arrêté s'exprimoit
ainsi : « Instruits que des *absens* du pays conquis ont obtenu leur
» réintégration dans leurs propriétés , &. . . Arrêtent que toutes réin-
» tégrations prononcées en faveur d'habitans du pays conquis en-deçà
» de la Meuse , *encore absens* , ne pourront avoir d'effet , que du jour
» où ils auront justifié de leur retour. »

Telle étoit , au 9 vendémiaire de l'an 4 , la législation des contrées
en-deçà de la Meuse , sur les absens de ce pays conquis .

On y provoquoit le retour des *absens* , loin de les repousser.

Le caractère de l'émigration ne se confondoit pas avec celui de leur
absence.

Jamais même on ne prononçoit ce mot *émigré.*

Dans tous les arrêtés , on ne voyoit que des *absens* , dont on régloit
les droits et les facultés sous ce titre d'*absent.*

Il faut donc dire que , d'après le dernier état de la législation pour
les pays conquis , les Belges absens n'étoient pas réputés émigrés.

Si cette vérité est méconnue dans l'arrêté du directoire , du 4 fructidor an 4 , il ne faut l'attribuer qu'au silence que l'on garda auprès
de lui , sur les arrêtés des représentans du peuple en mission , que
nous venons d'analyser.

Ces actes de leur administration , ont formellement rétracté
l'arrêté du 27 thermidor an 2 , pris aussitôt l'invasion , et qui ré-
putoit émigré , tout absent qui ne rentreroit pas dans le délai de quinze
jours, *Postériora dérogant prioribus.*

L'arrêté du 27 thermidor an 2, n'est certainement pas le titre que l'on doit consulter aujourd'hui, pour savoir si en l'an 4, les Belges absens étoient réputés émigrés.

Il faut se fixer sur une administration plus consolante et plus juste, sur ces arrêtés pris en l'an 3, qui caractérisent la véritable législation appropriée à l'état de conquête de la Belgique.

Ils ont fait disparoît re jusqu'au souvenir des arrêtés primitifs ; ils en ont bien évidemment anéanti les dispositions, puisqu'ils en contiennent d'inconciliables, et que l'exécution des premiers actes ne peut se maintenir avec celle que doivent recevoir les derniers.

Dans les arrêtés de l'an 3, comme nous venons de le dire, on ne voit aucun caractère d'émigration défini et fixé.

Et nulle part, on ne rencontre l'idée d'une peine attachée à l'*absence*.

D'ailleurs, un pays subjugué, gouverné à titre de conquête, par des triomphateurs, ne peut pas offrir, pendant la durée de la conquête, une législation durable et permanente.

Les actes du gouvernement, combinés avec la nature de la conquête, sont passagers, comme l'état précaire d'un pays lui-même où le pacte social est brisé ou suspendu.

Ces actes accidentels expirent à l'instant où le pays, rendu aux formes sociales, reprend l'existence régulière d'un corps politiquement et civilement organisé.

Ce sont donc des lois posterieures à la réunion du 9 vendémiaire an 4 qu'il faudroit invoquer, pour faire peser sur la tête des belges absens, le titre terrible d'émigrés, et pour leur en infliger le châtiment.

Bien évidemment il n'en existe pas.

Depuis la réunion, on ne cite pas même un seul acte qui ait pu faire présumer que le corps législatif ait voulu changer et sur-tout aggraver la condition des Belges *absens*.

Sa pensée ne se seroit sûrement fixée sur eux que pour tarir la source de leurs maux qu'il ignora toujours.

Et comme pourtant une loi positive est indispensable pour donner à *l'absence* le caractère de l'émigration, il faut dire que les Belges *absens* ne peuvent être ni considérés ni traités comme émigrés.

Quelle inquiétude nationale auroit pu déterminer une mesure aussi désastreuse ?

Et pourquoi plus long-temps repousseroit-on les plaintes que l'humanité en pleurs adresse au gouvernement ?

Epars en Hollande et dans quelques parties de l'Allemagne, nulle part les Belges absens ne se sont montrés les ennemis de la France et le fléau de leur pays.

Aucun lieu de leur séjour n'a offert l'image d'une retraite cherchée par les enfans dénaturés d'une patrie en but à leurs outrages.

On ne leur impute pas un seul acte séditieux, pas un seul mouvement de désespoir.

Loin de leurs foyers, ils ont vécu malheureux sans devenir coupables.

En rentrant aujourd'hui dans leur pays, devenu le nôtre, ils n'y rapporteront aucun sentiment inquiet, aucun désir de vengeance, aucune combinaison de troubles.

Le crime seul peut faire craindre d'autres crimes.

L'infortune des Belges n'a rendu que plus pressant pour eux le désir du calme et du bonheur domestique.

En revoyant l'asile de leurs pères , ils oublieront de longues cala‑
mités , pour bénir au milieu des embrassemens de leurs familles et de
leurs amis la tendre sollicitude d'un gouvernement paternel et répa‑
rateur.

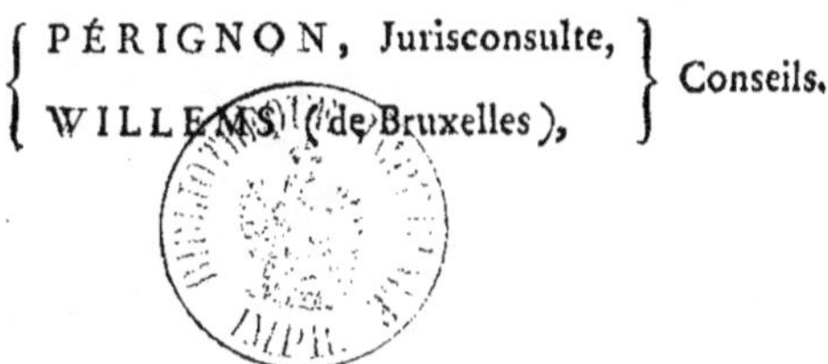

$$\left\{ \begin{array}{l} \text{PÉRIGNON, Jurisconsulte,} \\ \text{WILLEMS (de Bruxelles),} \end{array} \right\} \text{Conseils.}$$

De l'Imprimerie de PORTHMANN , successeur du cit. DESENNE,
rue neuve des Petits-Champs , presqu'en face celle des Moulins, n°, 23,